Louise L. Hay

Liebe deinen Körper

LOUISE L. HAY

Liebe deinen Körper

Positive Affirmationen für einen gesunden Körper

Lüchow

Allen Wesen
auf diesem Planeten
widme ich diese Gabe
in Liebe.

Affirmationen für einen gesunden Körper

Ein kleines Baby liebt jeden Zentimeter seines Körpers. Es hat keine Schuldgefühle, keine Schamgefühle, und es vergleicht nicht. Du bist selbst so gewesen, doch irgendwann hast du dann einmal gehört, dass andere über dich sagten, du seist *»nicht gut genug«*. Du fingst an, deinen Körper zu kritisieren und dachtest vielleicht, dass deine Mängel an ihm liegen müssten.

Hören wir doch auf mit diesem Unfug, und kehren wir dahin zurück, unseren Körper zu lieben und ihn ganz so zu akzeptieren, wie er ist. Natürlich verändert er sich – und wenn wir unserem Körper Liebe geben, verändert er sich zum Guten.

Das Unterbewusstsein hat keinen Sinn für Humor und kann falsch von wahr nicht unterscheiden. Was wir sagen und was wir denken, nimmt es gleichsam als Baumaterial her, mit dem es arbeitet. Indem du diese *»Ich liebe meinen Körper«*-Affirmationen immer von neuem wiederholst, legst du neue Samen in den fruchtbaren Boden deines Unterbewusstseins, und sie werden für dich wahr.

Stelle dich vor einen Spiegel und wiederhole jede Affirmation zehnmal. Übe dies zweimal täglich. Schreibe die Affirmationen auch irgendwann im Laufe des Tages zehnmal auf. Arbeite jeden Tag mit einer Affirmation, bis du zum Ende des Buches gelangst. Die leeren Seiten kannst du verwenden, um deine eigenen positiven Affirmationen niederzuschreiben. Wenn es dann einen Teil deines Körpers gibt, den du immer noch nicht magst oder mit dem du ein Problem hast – dann arbeite mit der betreffenden Affirmation mindestens einen Monat lang täglich, oder bis eine positive Veränderung eintritt.

Wenn Zweifel, Ängste oder negative Gedanken aufkommen, erkenne sie einfach als das, was sie sind: alte einengende Überzeugungen, die bei dir bleiben möchten. Doch sie haben keine Macht über dich. Sage zu ihnen einfach: »Raus hier! Ich brauche euch nicht mehr.« Dann wiederhole deine Affirmationen.

Wo du aufhörst zu arbeiten, da ist dein Widerstand. Erkenne den Teil deines Körpers, den du nicht lieben willst. Schenke diesem Teil zusätzliche Aufmerksamkeit, damit du deine Begrenzung überwinden kannst. Lasse den Widerstand los.

Auf diese Weise wirst du binnen kurzer Zeit einen Körper haben, den du wirklich liebst. Und dein Körper wird darauf ansprechen, indem er dir vollkommene Gesundheit schenkt. Jeder Teil deines Körpers wird perfekt arbeiten, als ein harmonisches Ganzes. Du wirst sogar feststellen, dass Falten verschwinden, das Gewicht sich normalisiert und deine Haltung aufrechter wird.

Was wir ständig bekräftigen, wird wahr für uns.

Persönliche Notizen

Ich liebe meinen Verstand

Mein Verstand erlaubt mir, das große Wunder meines Körpers zu erkennen. Ich bin froh, am Leben zu sein. Ich mache mir bewusst, dass ich die Kraft habe, mich zu heilen. Mein Verstand wählt die Gedanken, die meine Zukunft Augenblick für Augenblick erschaffen. Meine Macht kommt aus dem Einsatz meines Verstandes. Ich wähle Gedanken, durch die ich mich wohlfühle. Ich liebe meinen wunderbaren Verstand und bin dankbar dafür!

Persönliche Notizen

Ich liebe meine Kopfhaut

Meine Kopfhaut ist entspannt und macht mich friedlich. Sie ist unverkrampft und leicht. Sie bietet mir einen fruchtbaren Boden für das Wachstum meines Haares. Mein Haar kann frei und üppig wachsen. Ich wähle die Gedanken, die meine Kopfhaut liebevoll massieren.
Ich liebe meine wunderbare Kopfhaut und bin dankbar dafür!

Persönliche Notizen

Ich liebe mein Haar

Ich vertraue darauf, dass das Leben selbst sich um alle meine Bedürfnisse kümmert, und ich wachse kräftig und in Frieden. Ich entspanne meine Kopfhaut und gebe meinem schönen Haar Raum, um üppig zu wachsen. Liebevoll pflege ich mein Haar und wähle die Gedanken, die sein Wachsen und Erstarken fördern.
Ich liebe mein wunderbares Haar und bin dankbar dafür!

Persönliche Notizen

Ich liebe meine Augen

Ich habe vollkommenes Sehvermögen.
Ich sehe klar in jede Richtung.
Ich betrachte voll Liebe meine
Vergangenheit, meine Gegenwart
und meine Zukunft.
Mein Denken entscheidet, wie ich das
Leben sehe. Ich sehe mit neuen Augen.
Ich sehe Gutes in jedem und überall.
Ich erschaffe jetzt liebevoll das Leben,
das ich gerne betrachte.
Ich liebe meine wunderbaren Augen
und bin dankbar dafür!

Persönliche Notizen

Ich liebe meine Ohren

Ich bin gelassen, ausgeglichen und eins mit dem Leben. Ich wähle Gedanken, die Harmonie um mich erzeugen. Ich lausche liebevoll allem Guten und Angenehmen. Ich vernehme den Schrei nach Liebe, der hinter den Worten jedes Menschen verborgen liegt. Ich bin willens, andere zu verstehen, und ich habe Mitgefühl für sie. Ich freue mich, dass ich das Leben hören kann. Ich halte mein Denken offen und empfänglich. Ich will gerne hören. Ich liebe meine wunderbaren Ohren und bin dankbar dafür!

Persönliche Notizen

Ich liebe meine Nase

Ich bin in Frieden mit allen, die um mich sind. Kein Mensch, Ort oder Gegenstand hat Macht über mich. Ich bin die Macht und Autorität in meiner Welt. Ich wähle die Gedanken, die meinen eigenen, wirklichen Wert erkennen. Ich erkenne meine intuitive Fähigkeit an. Ich vertraue meiner Intuition, denn ich bin immer verbunden mit der Universellen Weisheit und Wahrheit. Ich gehe immer in die Richtung, die gut für mich ist.
Ich liebe meine wunderbare Nase
und bin dankbar dafür!

Persönliche Notizen

Ich liebe meinen Mund

Ich nähre mich, indem ich neue Ideen aufnehme. Ich bereite neue Vorstellungen für die Verdauung und Aufschließung vor. Ich treffe Entscheidungen mit Leichtigkeit und nach dem Prinzip der Wahrheit. Ich habe eine guten Geschmack fürs Leben. Ich wähle die Gedanken, die mich Liebe sprechen lassen. Ich spreche für mich selbst aus der Sicherheit meines eigenen, wahren Wertes.
Ich liebe meinen wunderbaren Mund und bin dankbar dafür!

Persönliche Notizen

Ich liebe meine
Zähne

Meine Zähne sind stark und gesund.
Ich beiße mit Freude ins Leben rein.
Ich kaue und erschließe alle meine
Erfahrungen vollständig und mit Bedacht.
Ich bin ein entschlossener Mensch.
Ich treffe Entscheidungen leicht, und ich
stehe zu ihnen. Ich wähle die Gedanken,
die mir eine feste innere Grundlage bauen.
Ich vertraue meiner inneren Weisheit.
Ich weiß, dass ich immer wählen werde,
was für mich im jeweiligen Augenblick
das Beste ist.
Ich liebe meine wunderbaren Zähne
und bin dankbar dafür!

Persönliche Notizen

ICH LIEBE MEIN

Zahnfleisch

Mein Zahnfleisch ist der Inbegriff von Gesundheit. Liebevoll stützt und schützt es meine Zähne. Ich kann mich leicht an meine Entscheidungen halten. Ich unterstütze meine Entschlüsse mit geistigen Überzeugungen. Ich bin fest verankert in Weisheit und Wahrheit. Ich wähle die Gedanken, die nur rechtes Handeln in meinem Leben erzeugen. Ich liebe mein wunderbares Zahnfleisch und bin dankbar dafür!

Persönliche Notizen

Ich liebe meine Stimme

Ich bringe meine Meinung zu Gehör. Ich spreche für mich selbst. Ich lobsinge Liebe und Freude. Meine Worte sind die Musik des Lebens. Ich wähle die Gedanken, die Schönheit und Dankbarkeit ausdrücken. Ich verkünde mein Einssein mit allem Leben.
Ich liebe meine wunderbare Stimme und bin dankbar dafür!

Persönliche Notizen

Ich liebe meinen

Hals

Bereitwillig wende ich meinen Blick, um auch andere Möglichkeiten anzuerkennen, Dinge zu betrachten oder zu tun. Ich bin frei, sie alle anzuerkennen. Ich bin willens, mich selbst zu wandeln. Ich wähle die Gedanken, die mich in meinen Vorstellungen und in meinem kreativen Selbstausdruck flexibel sein lassen. Ich äußere mich frei und freudig. Ich liebe meinen wunderbaren Hals und bin dankbar dafür!

Persönliche Notizen

Ich liebe meine

Schultern

Ich trage meine Verantwortung mit Leichtigkeit. Meine Bürde ist leicht wie Federn im Winde. Ich stehe aufrecht und frei und trage meine Erfahrungen mit Freude. Meine Schultern sind schön, wohlgeformt und stark. Ich wähle die Gedanken, die meinen Weg leicht und frei machen. Liebe löst und entspannt. Ich liebe mein Leben.
Ich liebe meine wunderbaren Schultern und bin dankbar dafür!

Persönliche Notizen

Ich liebe meine Arme

Ich beschütze mich und meine Lieben. Mit Freude heiße ich das Leben willkommen. Ich habe große Fähigkeiten, die Erfahrungen meines Lebens zu umarmen. Meine Kapazität, mich des Lebens zu erfreuen, ist enorm. Ich wähle die Gedanken, die mich Veränderung leicht akzeptieren und mich in jede Richtung bewegen lassen. Ich bin zu jeder Zeit stark, fähig und begabt. Ich liebe meine wunderbaren Arme und bin dankbar dafür!

Persönliche Notizen

Ich liebe meine

Handgelenke

Meine Handgelenke sind flexibel und frei. Mit Leichtigkeit lasse ich Vergnügen in mein Leben einkehren. Ich verdiene all das Gute, das ich empfange. Ich wähle die Gedanken, die es mir leicht machen, alles zu genießen, was ich habe.
Ich liebe meine wunderbaren Handgelenke und bin dankbar dafür!

Persönliche Notizen

Ich liebe meine Hände

Meine Hände sind frei, das Leben so zu halten, wie sie es wünschen. Meine Hände haben unbegrenzte Möglichkeiten, mit Begebenheiten und Menschen umzugehen. Ich wähle die Gedanken, die meine Erlebnisse mit Freude und Leichtigkeit behandeln. Jede Einzelheit wird in Übereinstimmung mit der göttlichen rechten Ordnung versorgt. Ich behandle das Leben mit Liebe. Also bin ich in Sicherheit, bin geborgen, bin ich selbst. Ich bin in Frieden. Ich liebe meine wunderbaren Hände und bin dankbar dafür!

Persönliche Notizen

Ich liebe meine

Finger

Meine Finger bereiten mir viel Freude. Ich liebe meine Fähigkeit, zu berühren und zu fühlen, zu versuchen und zu ertasten, zu richten und zu reparieren, zu schaffen und mit Liebe zu gestalten. Ich lege meine Finger an den Puls des Lebens und fühle mich ein in jeden Menschen, jeden Ort und jeden Gegenstand. Ich wähle die Gedanken, die mich befähigen, mit Liebe zu berühren. Ich liebe meine wunderbaren Finger und bin dankbar dafür!

Persönliche Notizen

Ich liebe meine

Fingernägel

Es ist eine Freude, meine Fingernägel zu betrachten. Ich bin geschützt und sicher. Ich entspanne mich und vertraue darauf, dass das Leben sich vor mir entfaltet, und meine Fingernägel werden dabei kräftig und hart. Ich liebe alle die wunderbaren Einzelheiten meines Lebens. Ich wähle die Gedanken, die mich die kleineren Details leicht und mühelos behandeln lassen.
Ich liebe meine wunderbaren Fingernägel und bin dankbar dafür!

Persönliche Notizen

Ich liebe meine Wirbelsäule

Meine Wirbelsäule ist ein Ort der Harmonie und Liebe. Jeder Wirbel ist liebevoll mit seinen Nachbarn verbunden. Zwischen allen Wirbeln herrscht vollendete Beweglichkeit. Das macht mich stark und doch flexibel. Ich kann mich dem Himmel entgegenstrecken und auch zur Erde hinabbeugen. Ich wähle die Gedanken, die mich sicher und frei sein lassen.
Ich liebe meine wunderbare Wirbelsäule und bin dankbar dafür!

Persönliche Notizen

Ich liebe meinen Rücken

Ich werde vom Leben selbst unterstützt. Ich fühle mich emotional unterstützt. Ich lasse alle Ängste los. Ich spüre, dass ich geliebt werde. Ich lasse von der Vergangenheit los und allen Erlebnissen, die ihr angehören. Ich lasse das los, was hinter meinem Rücken liegt. Ab jetzt vertraue ich dem Prozess des Lebens. Ich wähle die Gedanken, die alle meine Bedürfnisse erfüllen. Das Leben fördert mich auf erwartete und unerwartete Weise. Ich weiß, dass das Leben auf meiner Seite ist. Ich stehe gerade und aufrecht, unterstützt von der Liebe zum Leben. Ich liebe meinen wunderbaren Rücken und bin dankbar dafür!

Persönliche Notizen

Ich liebe meine

Flexibilität

Gott hat mir die Fähigkeit geschenkt, flexibel zu sein und mich mit dem Strom des Lebens zu bewegen wie eine Weide. Ich kann mich beugen und strecken und immer in meine Mitte zurückkehren. Ich wähle die Gedanken, die diese Fähigkeit stärken, geschmeidig und biegsam zu sein. Ich liebe meine wunderbare Flexibilität und bin dankbar dafür!

Persönliche Notizen

Ich liebe meinen

Brustkorb

In vollkommenem Gleichmaß nehme ich auf und gebe wieder ab, was nährt und erhält. Das Leben liefert alles, was ich brauche. Ich bin frei, ich selbst zu sein, und ich erlaube anderen die Freiheit, sie selbst zu sein. Das Leben erkennt uns alle an. Es ist gut für uns, heranzuwachsen. Ich nähre nur mit Liebe. Ich wähle die Gedanken, die uns allen Freiheit schenken. Ich liebe meinen wunderbaren Brustkorb und bin dankbar dafür!

Persönliche Notizen

Ich liebe meine Lungen

Ich habe das Recht, Raum einzunehmen. Ich habe das Recht zu existieren. Voll und frei nehme ich Leben auf und lasse es wieder hinausströmen. Es ist gut, meine Umwelt in mich aufzunehmen. Ich vertraue der Macht, die mir der Atem in so großer Fülle liefert. Es ist genug Atem da, der so lange reicht, wie ich leben möchte. Es gibt genug Leben und Nahrung für die ganze Zeit, die ich leben möchte. Ich wähle jetzt die Gedanken, die Sicherheit für mich erzeugen. Ich liebe meine wunderbaren Lungen und bin dankbar dafür!

Persönliche Notizen

Atem

Mein Atem ist mir sehr kostbar. Er ist ein Schatz und eine lebenspendende Substanz. Ich weiß, dass es gut für mich ist zu leben. Ich liebe das Leben. Ich atme das Leben tief und ganz ein. Ich atme ein und aus in vollkommenem Gleichmaß. Ich wähle die Gedanken, die einen liebevollen, köstlichen Atem erzeugen. Ich bin eine Freude für meine Umgebung. Ich fließe mit dem Atem des Lebens.
Ich liebe meinen wunderbaren Atem und bin dankbar dafür!

Persönliche Notizen

Ich liebe meine Drüsen

Meine Drüsen sind die Ausgangspunkte
für meinen Selbstausdruck.
Mein Selbstausdruck ist mein eigener,
einzigartiger Zugang zum Leben.
Ich bin ein einzigartiges Individuum.
Ich achte meine Individualität.
In der Tiefe meines Wesens lege ich
den Grund für alles Gute, das sich
in meinem Leben und vor meinen
Augen entfaltet. Meine Originalität
beginnt mit den Gedanken, die ich zu
denken wähle. Meine Immunität und
meine Kraft sind stark und ausbalanciert.
Ich weiß, was ich will. Ich habe Elan.
Ich liebe meine wunderbaren Drüsen
und bin dankbar dafür!

Persönliche Notizen

Ich liebe mein

Herz

Mein Herz schickt liebevoll Freude
durch meinen ganzen Körper und nährt
dadurch die Zellen. Freudvolle neue
Ideen zirkulieren nun frei in meinem
Innern. Ich bin Lebensfreude, die sich
offenbart und empfängt. Ich wähle die
Gedanken, die ein immerwährendes,
freudiges Jetzt erzeugen. Es ist gut,
in jedem Alter lebendig zu sein.
Ich strahle Liebe in alle Richtungen aus,
und mein ganzes Leben ist Freude.
Ich liebe von ganzem Herzen.
Ich liebe mein wunderbares Herz
und bin dankbar dafür!

Persönliche Notizen

Ich liebe mein
Blut

Das Blut in meinen Adern ist reine Freude. Diese Freude des Lebens fließt frei durch meinen ganzen Körper. Ich lebe von Freude und Glück. Ich wähle die Gedanken, die Begeisterung am Leben erzeugen. Mein Leben ist reich, erfüllt und freudig.
Ich liebe mein wunderbares Blut
und bin dankbar dafür!

Persönliche Notizen

Ich liebe meine

Nerven

Ich habe ein wundervolles Nervensystem. Meine Nerven ermöglichen mir die Kommunikation mit allem Leben. Ich kann spüren, fühlen und verstehen. Ich fühle mich sicher und geborgen. Meine Nerven dürfen sich friedlich entspannen. Ich wähle die Gedanken, die mir Frieden bringen.
Ich liebe meine wunderbaren Nerven und bin dankbar dafür!

Persönliche Notizen

Ich liebe meinen Magen

Mit Freude verdaue ich die Erfahrungen des Lebens. Das Leben stimmt mit mir überein. Ich nehme leicht jeden neuen Augenblick des Tages auf.
Alles ist gut in meiner Welt. Ich wähle die Gedanken, die mein Wesen veredeln. Ich vertraue darauf, dass das Leben mich mit dem versorgt, was ich benötige. Ich kenne meinen Selbstwert. Ich bin gut genug so, wie ich bin. Ich bin eine göttliche, großartige Ausdrucksform des Lebens. Ich nehme diesen Gedanken auf und mache ihn für mich wahr.
Ich liebe meinen wunderbaren Magen und bin dankbar dafür!

Persönliche Notizen

Ich liebe meine Leber

Ich lasse alles los, was ich nicht mehr benötige. Voll Freude lasse ich alles Gereiztsein, Kritisieren und Verurteilen los. Mein Bewusstsein ist jetzt gereinigt und gesund. Alles in meinem Leben stimmt überein mit der Göttlichen Ordnung. Alles geschieht zu meinem Besten und zu meiner Freude. Überall in meinem Leben finde ich Liebe. Ich wähle Gedanken, die mich heilen, reinigen und erheben. Ich liebe meine wunderbare Leber und bin dankbar dafür!

Persönliche Notizen

Nieren

Es ist gut, groß zu werden und das Leben anzunehmen, das ich geschaffen habe. Ich lasse das Alte los und heiße das Neue willkommen.
Tüchtig scheiden meine Nieren die alten Gifte meines Denkens aus. Ich wähle jetzt solche Gedanken, die meine Welt aufbauen; deshalb nehme ich alles in meiner Welt als vollkommen an.
Meine Emotionen sind in der Liebe stabilisiert.
Ich liebe meine wunderbaren Nieren und bin dankbar dafür!

Persönliche Notizen

Ich liebe meine

Milz

Allein von Lebensfreude bin ich besessen. Meine wahre Identität ist Frieden, Liebe und Freude. Ich wähle die Gedanken, die mir Freude in jedem Bereich meines Lebens bringen. Meine Milz ist gesund, glücklich und normal. Ich bin in Sicherheit. Ich beschließe, die Süße des Lebens zu erfahren. Ich liebe meine wunderbare Milz und bin dankbar dafür!

Persönliche Notizen

Taille

Ich habe eine schöne Taille. Sie ist normal und natürlich sehr flexibel. Ich kann mich in jede Richtung beugen und drehen. Ich wähle die Gedanken, die mich alle Bewegungen und Übungen machen lassen, die mir Freude bereiten. Meine Taille hat für mich genau den richtigen Umfang. Ich liebe meine wunderbare Taille und bin dankbar dafür!

Persönliche Notizen

Ich liebe meine Hüften

Ich trage mich in vollkommenem Gleichgewicht durchs Leben. Es gibt immer etwas Neues, dem ich entgegenschreite. Jedes Alter hat seine Interessen und Ziele. Ich wähle die Gedanken, die meine Hüften fest und kräftig sein lassen. Ich bin kraftvoll in der Basis meines Lebens. Ich liebe meine wunderbaren Hüften und bin dankbar dafür!

Persönliche Notizen

Ich liebe mein Gesäß

Mein Gesäß wird Tag für Tag schöner. Es ist der Sitz meiner Macht. Ich weiß, dass ich ein machtvolles Wesen bin. Ich erkenne und akzeptiere meine Macht. Ich wähle die Gedanken, die mich meine Macht liebevoll und weise gebrauchen lassen.
Ich liebe mein wunderbares Gesäß und bin dankbar dafür!

Persönliche Notizen

Ich liebe meinen
Dickdarm

Ich bin ein offener Kanal für das Gute, das in und durch mich fließt – frei, großzügig und freudig. Ich lasse bereitwillig alle Gedanken und Dinge los, die versperren oder verstopfen. Alles ist normal, harmonisch und vollkommen in meinem Leben. Ich lebe nur in dem allgegenwärtigen Jetzt. Ich wähle die Gedanken, die mich offen und empfänglich sein lassen für den Strom des Lebens. Meine Aufnahme, Verdauung und Ausscheidung sind perfekt.
Ich liebe meinen wunderbaren Dickdarm und bin dankbar dafür!

Persönliche Notizen

Ich liebe meine Blase

Ich bin in Frieden mit meinen Gedanken und Gefühlen. Ich bin in Frieden mit jenen, die um mich sind. Kein Mensch, Ort oder Gegenstand besitzt Macht über mich, denn ich bin der einzige, der in meinem Kopf denkt. Ich wähle die Gedanken, bei denen ich gelassen bin. Bereitwillig und liebevoll lasse ich alte Vorstellungen und Denkweisen los. Leicht und freudig fließen sie aus mir hinaus.
Ich liebe meine wunderbare Blase
und bin dankbar dafür!

Persönliche Notizen

Ich liebe meine Genitalien

Ich freue mich über meine Sexualität.
Sie ist normal, natürlich und vollkommen.
Meine Genitalien sind schön, normal
und vollkommen für mich. Ich bin gut
und schön so, wie ich bin, gerade hier
und gerade jetzt. Ich bin dankbar für
die Lust, die ich durch meinen Körper
erfahre. Es ist gut für mich, Freude an
meinem Körper zu haben.
Ich liebe meine wunderbaren Genitalien
und bin dankbar dafür!

Persönliche Notizen

Ich liebe meinen
Mastdarm

Ich sehe die Schönheit meines Körpers
in jeder Zelle und in jedem Organ.
Mein Mastdarm ist normal, natürlich
und schön wie jeder andere Teil meines
Körpers. Ich akzeptiere jede Funktion
meines Körpers vollkommen und freue
mich über ihre Leistung und Vollendung.
Mein Herz und mein Mastdarm, meine
Augen und meine Zehen sind alle gleich
wichtig und schön. Ich wähle die
Gedanken, die mich jeden Teil meines
Körpers mit Liebe annehmen lassen.
Ich liebe meinen wunderbaren Mastdarm
und bin dankbar dafür!

Persönliche Notizen

Ich liebe meine Beine

Ich entscheide mich jetzt, alle alten Kindheitsverletzungen und Schmerzen loszulassen. Ich bin jemand, der im Hier und Jetzt lebt. In dem Maße, in dem ich meiner Vergangenheit vergebe und mich von ihr löse, werden meine Schenkel fest und schön. Ich besitze vollendete Beweglichkeit, um in jede Richtung zu gehen. Unbelastet von der Vergangenheit schreite ich im Leben voran. Meine Wadenmuskeln sind entspannt und kräftig. Ich wähle die Gedanken, die mir erlauben, mit Freude voranzugehen. Ich liebe meine wunderbaren Beine und bin dankbar dafür!

Persönliche Notizen

Ich liebe meine Knie

Ich bin flexibel und fließend in meinen Bewegungen. Ich gebe und vergebe. Ich beuge und strecke mich mit Leichtigkeit. Ich habe Verständnis und Mitgefühl, und ich vergebe mit Leichtigkeit der Vergangenheit und allem, was zu ihr gehört. Ich erkenne andere Menschen an und lobe sie bei jeder passenden Gelegenheit. Ich wähle die Gedanken, die mich offen und empfänglich halten für Liebe und Freude, welche überall frei fließt. Ich knie vor dem Altar meiner selbst. Ich liebe meine wunderbaren Knie und bin dankbar dafür!

Persönliche Notizen

Knöchel

Meine Knöchel und meine Sprunggelenke geben mir Beweglichkeit und Ausrichtung. Ich lasse alle Angst und Schuldgefühle los. Vergnügen kann ich mit Leichtigkeit annehmen. Ich bewege mich in die Richtung, die am besten für mich ist. Ich wähle die Gedanken, die Vergnügen und Freude in mein Leben bringen. Ich bin flexibel im Strom des Lebens.
Ich liebe meine wunderbaren Knöchel und bin dankbar dafür!

Persönliche Notizen

Ich liebe meine Füße

Ich habe ein wunderbares Verständnis.
Ich stehe fest verwurzelt in der Wahrheit.
Mein Verständnis meiner selbst,
der anderen und des Lebens nimmt
ständig zu. Ich werde getragen und
genährt von der Mutter Erde, und die
Universelle Intelligenz lehrt mich alles,
was ich wissen muss. Ich bin auf diesem
Planeten sicher und geborgen und nähere
mich meinem Besten. Ich bewege mich
mit Leichtigkeit durch Zeit und Raum.
Ich wähle die Gedanken, die eine wunder-
bare Zukunft erschaffen und trete in
sie hinein.
Ich liebe meine wunderbaren Füße
und bin dankbar dafür!

Persönliche Notizen

Ich liebe meine
Zehen

Meine Zehen inspizieren die Zukunft; sie gehen vor mir her, um den Weg freizumachen. Sie sind gerade, biegsam und kräftig. Sie schreiten aus, fühlen und finden den besten Weg im Leben. Ich wähle die Gedanken, die meinen Weg beschützen. Indem ich vorwärts schreite, ergeben sich alle Einzelheiten von selbst. Ich liebe meine wunderbaren Zehen und bin dankbar dafür!

Persönliche Notizen

ICH LIEBE MEINE

Knochen

Ich bin kräftig und gesund. Ich bin gut strukturiert und ausgeglichen.
Meine Knochen stützen und lieben mich.
Jeder Knochen ist für mich wichtig.
Ich wähle die Gedanken, die mein Leben stärken. Ich bestehe aus dem Material des Universums. Ich bin eins mit der Struktur des Lebens.
Ich liebe meine wunderbaren Knochen und bin dankbar dafür!

Persönliche Notizen

Ich liebe meine

Muskeln

Meine Muskeln schenken mir die Fähigkeit, mich in meiner Welt zu bewegen. Sie sind stark und werden immer kräftig sein. Sie beugen und strecken sich leicht. Ich wähle die Gedanken, die mich neue Erfahrungen willkommen heißen lassen. Mein Leben ist ein Ballett der Freude.
Ich liebe meine wunderbaren Muskeln und bin dankbar dafür!

Persönliche Notizen

Haut

Meine Individualität ist sicher.
Die Vergangenheit ist vergeben und vergessen. Ich bin frei und sicher in diesem Augenblick. Ich wähle Gedanken, die mir Freude und Frieden bringen.
Meine Haut ist jugendlich und zart an jedem Teil meines Körpers. Ich streichle meine Haut gerne. Meine Zellen haben ewige Jugend. Meine Haut ist der Mantel, der den Tempel schützt, in dem ich wohne.
Ich liebe meine wunderbare Haut und bin dankbar dafür!

Persönliche Notizen

Körpergröße

Ich habe die für mich vollkommene Körpergröße. Ich bin weder zu groß noch zu klein. Ich kann nach oben blicken und nach unten schauen. Ich kann mich den Sternen entgegenstrecken und die Erde berühren. Ich wähle die Gedanken, die es mir ermöglichen, mich immer sicher, geborgen und geliebt zu fühlen. Ich liebe meine wunderbare Körpergröße und bin dankbar dafür!

Persönliche Notizen

Ich liebe mein Gewicht

Ich habe das für mich in diesem Augenblick vollkommene Gewicht. Es ist genau das Gewicht, das ich für mich selbst akzeptiert habe. Ich habe die Fähigkeit, mein Gewicht zu ändern, wenn ich es wünsche. Ich wähle die Gedanken, die es mir erlauben, dass ich mich wohl und zufrieden mit meinem Körper und seinem Gewicht fühle.
Ich liebe mein wunderbares Gewicht
und bin dankbar dafür!

Persönliche Notizen

Ich liebe mein Aussehen

Ich liebe mein Aussehen. Es passt vollkommen zu mir und diesem Leben. Ich wähle mein Aussehen, bevor ich geboren werde und bin mit meiner Wahl zufrieden. Ich bin einzigartig und besonders. Kein anderer sieht genau so aus wie ich. Ich bin schön, und ich werde von Tag zu Tag attraktiver. Ich wähle die Gedanken, die ein schönes Aussehen fördern. Ich liebe es, wie ich aussehe. Ich liebe mein wunderbares Aussehen und bin dankbar dafür!

Persönliche Notizen

Ich liebe mein Alter

Ich bin im vollkommenen Alter.
Jedes Jahr ist für mich besonders und kostbar, denn ich werde es nur einmal erleben. Jedes Jahr von der Kleinkindzeit bis ins Alter ist erfüllt von seinen eigenen Wundern. Wie die Kindheit eine besondere Zeit ist, so auch das höhere Alter. Ich will alles selbst erleben. Ich wähle die Gedanken, die mir erlauben, mich mit meinem Alter wohl zu fühlen. Ich freue mich auf jedes neue Jahr, wie es sich vor mir entfaltet.
Ich liebe mein wunderbares Alter
und bin dankbar dafür!

Persönliche Notizen

Ich liebe meinen Körper

Mein Körper ist eine herrliche Wohnstätte. Ich bin glücklich, dass ich gerade diesen Körper gewählt habe, weil er für mich in diesem Leben vollkommen ist. Er hat die perfekte Größe, Gestalt und Farbe. Er dient mir so gut. Ich staune über das Wunder meines Körpers. Ich wähle die heilenden Gedanken, die Gesundheit in meinem Körper aufbauen und erhalten.
Ich liebe meinen wunderbaren Körper und bin dankbar dafür!

Stichwortverzeichnis

Empfehlungen für die ganzheitliche Behandlung

Therapiemöglichkeiten, die auf der körperlichen Ebene ihren Schwerpunkt haben

Ernährung:

Unterschiedliche Diätformen, Makrobiotik, Heilfasten

Übende Verfahren:

Gymnastik, Wandern, Tanzen, Rad fahren, Schwimmen, Karate, Aikido, Yoga

Alternative Therapien:

Akupunktur, Akupressur, Reflexzonentherapie, klassische Massage, Alexandertechnik, Bioenergetik, Touch for Health, Feldenkrais, Rolfing, Rebalancing, Polaritätsmassage, Reiki, Biodynamik

Entspannungstechniken:

Autogenes Training, Jakobson-Methode, Biofeedback, Sauna, Musik hören

Buchvorschläge:

Prognose Hoffnung von Bernie Siegel

Wieder gesund werden von Carl Simonton

Herbally Yours von Penny C. Royal

How To Get Well von Paavo Airola

Liebesband – Wie die Beziehung zwischen Eltern und Kind vor der Geburt beginnt von Eve Marnie

Liebe deine Krankheit – sie hält dich gesund von John Harrison

Meta Fitness von Suzy Prudden

The Nutrition Detective von Nan Fuchs

Psychoimmunity and the Healing Process von Jason Serinus

Therapiemöglichkeiten, die schwerpunktmäßig im seelisch-geistigen Bereich arbeiten

Psychotherapeutische Verfahren:

Gestalttherapie, Hypnose, Neurolinguistisches Programmieren, Fokussing, Transaktionsanalyse, Rebirthing, Traumarbeit, Psychodrama, Regressionstherapie, Jungsche Analyse, Hakomi, Katathymes Bilderleben, Geführte Imagination, Astrologische Beratung, Kunsttherapie, Musiktherapie

Spirituelle Ansätze:

Unterschiedliche Meditationsformen, Gebet

Buchvorschläge:

Rezepte zum Glück von Ken Keyes
As someone Dies von Elizabeth Johnson
Stell Dir vor von Shakti Gawain
Superbeings von John R. Price
Wenn deine Botschaft Liebe ist von Gerald Jampolsky
Moneylove von Jerry Gillies
Opening Our Hearts to Men von Susan Jeffers
Autobiographie eines Yogi von Paramahansa Yogananda
Ein Kurs in Wundern (Greuth Hof Verlag 1991)
Emmanuel's Book von Pat Rodegast und Judith Stanton
Bartholomew's Lachende Weisheit von Bartholomew

Die Natur der persönlichen Realität von Jane Roberts
Power Through Constructive Thinking von Emmett Fox
Vollkommenheitslehre von Ernest Holmes
Who Dies von Stephan Levine

Hinweis der Autorin

Die Autorin diese Buches gibt hier keine medizinischen Empfehlungen und verordnet auch nicht – weder direkt noch indirekt – den Einsatz irgendeiner Methode im Sinne einer Behandlung für medizinische Probleme, die ohne den Rat eines Arztes anzuwenden wäre. Absicht der Autorin ist allein, Informationen allgemeiner Art anzubieten, um dir zu helfen, mit deinem Arzt in eurem gemeinsamen Streben nach Gesundheit zu kooperieren. Falls du Informationen aus diesem Buch für dich anwenden möchtest, behandelst du dich selbst, was dein freies Recht ist. Autor und Verlag übernehmen in diesem Fall jedoch keinerlei Verantwortung für dein Tun und dessen Folgen.

Die Originalausgabe erschien unter dem Titel
Love Your Body bei Hay House,
Carlsbad/CA

Hay House finden Sie auf:
www.hayhouseradio.com

Bibliografische Information der Deutschen Nationalbibliothek
Die Deutsche Nationalbibliothek verzeichnet diese Publikation in der Deutschen Nationalbibliografie; detaillierte bibliografische Daten sind im Internet über http://dnb.d-nb.de abrufbar.

Umschlaggestaltung: Margret Russer, München,
unter Verwendung eines Bildmotivs der Designagentur Peter Krafft
Satz und Gestaltung: Ingeburg Zoschke, Berlin
Druck und Bindung: Westermann Druck Zwickau, GmbH
Printed in Germany

ISBN 978-3-89901-308-5

www.luechow-verlag.de

Dieses Buch wurde auf 100 % Altpapier gedruckt und ist alterungsbeständig.
Weitere Informationen hierzu finden Sie unter www.weltinnenraum.de